NOTICE

sur

CHARLES-AUGUSTE-LÉOPOLD PARDRIAU.

NOTICE

SUR

CH.-A.-LÉOPOLD PARDRIAU

ÉLÈVE DU PETIT SÉMINAIRE D'ORLÉANS

MORT LE 18 AVRIL 1857

*Puer erum ingeniosus et sortitus
sum animam bonam.*
(Sagesse, ch. VIII, v. 19.)

ORLÉANS
Typographie d'Alexandre Jacob
Rue Bourgogne, 220.

—

MDCCCLVIII

1859

AUX ÉLÈVES DU PETIT SÉMINAIRE D'ORLÉANS.

MES CHERS AMIS,

Je veux, avant de la commencer, vous dédier cette notice d'une manière spéciale. Je l'ai composée à cause de vous, et je tiens aussi à vous le dire : je l'ai composée en votre nom et comme un des vôtres. Ce qu'il était pour vous en effet, celui dont je viens vous raconter la vie et la mort, l'a été aussi pour moi. C'est dans cette maison qu'il m'a été donné de le connaître et que j'ai com-

VI

mencé à l'aimer, et si les années semblaient devoir mettre entre nous quelque distance et quelque séparation, cette âme était si droite, ce cœur était si pur, cette vie, dans une si courte durée, avait rempli la mesure de si longs jours, cette nature était si belle de cette beauté qui n'a point d'âge et qui n'est pas du temps, que ma jeunesse et son enfance avaient pu s'unir par les liens de la plus étroite affection. A ces titres seulement que me donne une amitié intime, née pendant les jours d'une éducation commune, j'ai pu vous enlever le droit qui vous appartenait, de rendre ce suprême devoir et ce dernier hommage à la mémoire de l'enfant qui fut votre condisciple et votre ami.

Mais si je dois vous remercier de vous être reposés sur moi d'une mission si douce et si consolante, ce n'est pas que je l'aie acceptée sans hésitation et que je l'aie accomplie sans peine.

Longtemps avant de l'entreprendre, je me suis demandé comment je pourrais écrire la biographie d'un enfant, dont tous les jours obscurs et simples se sont passés pour la plupart au sein d'un humble village, qui n'a apparu qu'un instant parmi vous, pour attirer tous les regards, gagner tous les cœurs, réunir sur sa tête bien des vœux et des espérances, et puis s'en retourner mourir, à quatorze ans et quelques mois, sous les yeux de son père et de sa mère, dans la petite chambre où il était né. En considérant cette vie si belle, sans doute, mais aussi si courte et si cachée, je me disais qu'il n'y avait, pour la raconter tout entière, qu'à la renfermer dans cette phrase par laquelle l'Évangile résume les douze premières années d'un autre Enfant, le modèle de tous : « L'enfant que nous regrettons grandit quelques « jours en ce monde, croissant en grâce et en « sagesse devant Dieu et devant les hommes. »

VIII

J'ai pénétré cependant dans le mystère de ces quatorze années : je l'ai fait pour ma consolation et pour la vôtre ; je l'ai fait aussi pour le bien. Il y a, dans cette existence consumée dans sa fleur, bien plus d'enseignements et de leçons qu'on n'en rencontre souvent dans des vies plus longues et plus éclatantes. J'ai donc rassemblé tous les souvenirs profonds et vivants qu'a laissés après lui, en ce monde, notre pauvre ami ; j'ai fait appel à sa mère désolée, et elle a épanché pour moi les trésors de sa douleur. Elle m'a redit toutes ces effusions filiales, tous ces entretiens intimes, toutes ces douces paroles qu'elle recueillait autrefois précieusement et qu'elle repasse maintenant dans l'amertume de son cœur. Je me suis adressé au maître qui avait élevé sa première enfance, et au prêtre vénérable qui l'avait appelé et choisi au nom de Dieu. J'ai interrogé, parmi vous, ceux qui l'avaient connu de plus près et affectionné davantage, et d'eux aussi j'ai reçu de précieuses communications. J'ai lu toutes ses lettres, et j'ai connu dans cette correspondance toutes les grâces de son esprit et toutes les délicatesses de son cœur. Enfin, j'ai étudié le pieux enfant dans une vie encore plus intime, dans la vie de son âme en présence de Dieu. Les prières de ses analyses de catéchisme, les pages angéliques de ses cahiers de retraite m'ont passé sous les yeux tour à tour, et j'ai pu apprécier, en les lisant, l'excellence et les progrès d'une vertu qui mérita d'être si tôt couronnée. C'est après avoir puisé à toutes ces sources que j'ai essayé de vous raconter cette vie et cette mort, et que j'espère vous rendre, autant qu'il est en moi, celui que vous avez perdu et que nous avons pleuré ensemble.

P. D.,
Élève de philosophie.

NOTICE

sur

CH.-A.-LÉOPOLD PARDRIAU.

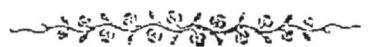

I.

Charles-Auguste-Léopold Pardriau vint au monde le 18 juillet 1842, au petit village de Vennecy, situé au milieu de la forêt et à quelques lieues d'Orléans. Ses parents avaient souhaité beaucoup sa naissance, car il n'y avait pas, avant lui, d'enfant sous leur toit. Aussi le jour où un fils leur fut donné par la Providence, une grande joie entra dans leur maison, et l'amour le plus tendre, la sollicitude la plus délicate que Dieu puisse mettre au cœur d'un père et d'une mère, furent acquis et prodigués à son berceau.

Le petit Léopold révéla de bonne heure, par une précocité exceptionnelle, une intelligence d'élite. A deux ans, à l'âge où les jouets eux-mêmes sont bien lourds pour la main d'un enfant, un livre ne pesait pas à la sienne. Il s'asseyait sur les bancs de l'école et apprenait à lire. Ses rares dispositions, développées par un travail exemplaire, l'eurent bientôt placé à la tête de la classe du village. Quelques années plus tard, il en cueillait déjà les plus glorieuses palmes et obtenait, à la distribution annuelle, le premier prix de lecture, le premier prix d'écriture et le premier prix d'orthographe. En même temps, l'heureux lauréat remportait des succès encore plus beaux et plus précieux. Élevé par une mère pieuse, Léopold avait connu le chemin de l'église avant d'apprendre celui de l'école, et, dès l'âge le plus tendre, il fréquentait le catéchisme de paroisse, où son zèle et son application méritaient d'être souvent récompensés. C'était ainsi qu'à l'âge où les enfants des hameaux ne songent d'ordinaire qu'à jouer et à folâtrer à travers la campagne, la vie de cet enfant privilégié était déjà recueillie et sérieuse.

Cependant son émulation et son désir d'apprendre allaient être mis à une cruelle épreuve. En 1847, Vennecy perdit son instituteur, et l'école dut être fermée pendant quelques semaines. La désolation de Léopold fut grande le jour où il lui fallut rester à la maison et ne plus aller en classe. Tandis que ses camarades acceptaient avec empressement ces congés extraordinaires que leur envoyaient les circonstances, lui, pleurait bien fort à la pensée de se séparer de ses cahiers et de sa grammaire. Une ingénieuse inspiration lui vint qui sécha ses larmes et le tira de peine. Il s'en alla frapper à la porte des religieuses qui tiennent, à Vennecy, la classe des petites filles, et leur demanda ingénûment à être admis parmi leurs élèves. La demande était insolite, et les bonnes sœurs hésitèrent d'abord; mais elles avaient toujours remarqué dans cet enfant des mœurs si paisibles, le pauvre Léopold les implorait d'ailleurs avec tant d'insistance, leur promettant bien d'être sage et appliqué, qu'elles finirent par accéder à sa prière. Elles n'eurent pas à s'en repentir : pendant le temps qu'il resta dans leur classe, Léopold fut le modèle de toutes leurs petites filles, par sa bonne tenue, son travail et sa docilité.

Lorsque l'école des garçons fut rouverte, le studieux écolier, qui l'avait quittée le dernier, y rentra le premier avec bonheur et continua de s'y distinguer au premier rang. Mais s'il était le plus savant de tous, Léopold était aussi le plus pieux. Nul ne récitait avec plus de recueillement les prières de la classe ; nul n'écoutait avec plus d'attention les instructions du catéchisme. Dieu, qui avait mis dans cette âme des grâces de prédilection, avait aussi développé de bonne heure en elle les germes des plus aimables vertus de l'enfance : Léopold était doux, simple et candide. La franchise et l'ingénuité la plus transparente se lisaient sur son front comme elles étaient sur ses lèvres et dans son cœur ; son caractère, toujours égal, ignorait l'humeur et toutes ces petites passions enfantines qui se cachent quelquefois derrière le visage le plus souriant et le plus ouvert. Lui était-il échappé quelque faute involontaire ou bien avait-il mérité une légère réprimande, aussitôt ses yeux se remplissaient de larmes, et il en demandait pardon avec une douleur d'une naïveté et d'une sincérité charmantes, car il ne pouvait souffrir l'idée d'avoir causé de la peine à ceux qui l'aimaient et prenaient soin de lui. Bon et généreux par nature, il ne savait pas penser à lui sans penser aux autres, et lorsqu'il lui arrivait d'avoir en sa possession quelques friandises, il trouvait son plus grand plaisir à faire des heureux en les partageant. De si excellentes qualités lui avaient concilié l'affection de tous. Il était le meilleur ami de ses condisciples et les délices de son maître.

Tel il se montrait à l'école, tel il était connu de tout le village. Rentré de la classe à la maison, les livres ne le quittaient pas pour cela ; il les feuilletait encore le soir à la veillée auprès du foyer de la famille. Les recréations les plus innocentes étaient ses seules distractions. Tantôt assis auprès de son père dans son atelier, il fabriquait, avec une patience ingénieuse et un grand talent d'imitation, de petits instruments de charronage. S'il sortait quelquefois de la maison paternelle, ce n'était pas, comme tant d'autres enfants, pour vagabonder loin de toute surveillance à travers les champs et les bois; jamais il ne se mêla à ces expéditions dévastatrices qui sont au printemps le fléau des nids, et puis la terreur des vergers quand vient l'automne. Léopold avait l'âme trop sensible et trop aimante, il était trop aimé pour trouver un cruel plaisir à arracher les petits oiseaux à l'aile de leur mère; sa conscience avait aussi un tact trop exquis de délicatesse pour ne pas le prémunir contre ces tentations de maraudage auxquelles les enfants des campagnes se montrent d'ordinaire si enclins à succomber. Quand il lui arrivait par hasard d'être témoin de quelqu'un de ces dégâts champêtres que commettaient sans scrupule les turbulents compagnons de ses promenades, il refusait hautement d'y prendre part, s'employait de tout son pouvoir à les empêcher, et, s'il n'avait pu y parvenir, il rentrait triste à la maison et empressé de tout raconter à sa mère; il lui témoignait avec vivacité l'horreur que lui inspiraient ces coupables espiègleries. D'ailleurs on le voyait rarement dans la compagnie des camarades de son âge. Le plus souvent dès lors, et depuis, pendant les vacances du petit séminaire, il aimait à s'entourer de petits enfants plus jeunes que lui, qui le recherchaient à cause de sa douceur. Il passait ainsi des heures entières, les caressant et s'entretenant avec eux. A l'un, il demandait s'il était sage; à l'autre, s'il apprenait bien à l'école et si ses parents étaient contents de lui; à celui-ci, s'il récitait exactement ses prières du matin et du soir et s'il savait faire le signe de la croix. Les mères étaient tranquilles et heureuses lorsqu'elles savaient leurs enfants avec Léopold, car toujours ils revenaient de là moins légers, plus obéissants et meilleurs.

Il est un appel mystérieux qui se fait entendre tôt ou tard aux âmes d'élite et aux esprits supérieurs, dans quelque position que les ait placés la naissance, et qui ouvre tout à coup, devant une vie souvent jusque-là simple et obscure, la direction élevée qui la réclame. L'heure était venue pour Léopold d'entendre cet appel; et au milieu des jours paisibles de son enfance, il avait senti naître et grandir en lui le désir de s'appliquer aux études. Ce fut avec bonheur que ses parents accueillirent la confidence de cet attrait qui pourtant devait les séparer dans l'avenir de leur enfant unique et bien-aimé. Toutefois, Léopold n'avait que neuf ans, et il leur semblait qu'il serait bien longtemps encore dans cet âge heureux où les enfants appartiennent tout entiers à leurs mères. Ce calcul de leur tendresse ne répondait pas aux inspirations de cette intelligence impatiente que le temps et l'éternité pressaient de vivre.

Depuis quelques mois un autre enfant de la famille, ami et camarade de leur enfant depuis le berceau, avait commencé à apprendre les premiers éléments du latin en compagnie de quelques autres élèves, sous la direction de M. le curé de Vennecy. Dès lors Léopold ne rêva plus que d'être admis, lui aussi, à la classe du presbytère, et il pria instamment ses parents d'en présenter pour lui la demande à M. le curé. Une semblable démarche sembla prématurée, et on résolut d'attendre quelques années encore avant de la faire. Ainsi retardé dans la réalisation de ses plus chères espérances, Léopold se soumit sans murmurer; mais on ne tarda pas à s'apercevoir que cette décision avait opéré en lui une transformation soudaine. En quelques jours, de gai et d'épanoui qu'il était autrefois, il devint triste et pensif; ses jeux, ses lectures, ses occupations favorites, tout lui semblait indifférent. Il demeurait seul à la maison des journées entières, ou, s'il en franchissait quelquefois le seuil, le but de sa promenade était toujours le même : il dirigeait ses pas du côté du presbytère, s'arrêtait un instant auprès des haies du jardin pour écouter les cris joyeux qui partaient des charmilles, ou pour se pencher furtivement à la fenêtre si c'était l'heure de l'étude; et sa mère remarquait, quand il revenait près d'elle, qu'il avait de grosses larmes dans les yeux. La sollicitude de ses parents ne tarda pas à s'alarmer de ce changement extraordinaire, et, ne pouvant se résoudre à voir leur enfant chéri souffrir et s'attrister plus longtemps sous leurs yeux, ils se décidèrent à transmettre ses désirs à M. le curé, pensant bien, du reste, que leurs instances auprès de lui seraient inutiles, et qu'il ne voudrait pas recevoir un élève d'un si jeune âge : ils se trompaient. M. le curé, qui avait toujours remarqué les heureuses dispositions de Léopold, avait pensé bien souvent que le bon Dieu pouvait avoir sur lui des desseins d'une miséricorde particulière, et il accepta avec empressement l'espérance d'élever en lui un prêtre pour l'Église. Il ne prévoyait pas, hélas ! qu'il ne devait former qu'un ange pour le Ciel.

Léopold fut donc reçu au nombre des élèves du presbytère, et il apporta à ses nouvelles études le zèle et l'ardeur qu'on devait naturellement attendre de lui, après le désir persévérant qu'il avait témoigné de les entreprendre. Malgré la vivacité remarquable de son intelligence, qui faisait évanouir devant lui toutes les difficultés, il ne laissait pas d'apporter au travail une opiniâtreté extraordinaire. Dès six heures du matin, le courageux enfant était sur pied, et jusqu'à huit heures du soir il étudiait presque sans relâche. Le temps de ses repas, quelques courtes récréations suspendaient seulement son travail, et lorsque l'heure du délassement s'était écoulée, au moindre signe, quelquefois même sans qu'on eût besoin de l'en avertir, il reprenait ses livres pour y attacher ses yeux et son esprit pendant des heures entières.

Cette infatigable attention, cette énergie vraiment au-dessus de son âge étaient soutenues chez Léopold par le ressort puissant d'une émulation vive et ardente, mais en même temps pure et généreuse. A côté de lui, et sur la même table, travaillait le condisciple qu'il avait désiré suivre et accompagner dans ses études, dont l'âge devançait le sien de quelques mois à peine, et dont il put bientôt égaler et surpasser les progrès. Une rivalité qui ne diminua en rien leur amitié réciproque s'établit alors entre les deux enfants. Chaque semaine la lutte était ouverte entre eux dans une composition dont la première place était chaudement disputée ; mais, quelles que fussent les chances du combat, dont l'issue n'était pas toujours sans larmes, vainqueur et vaincu ne cessaient pas un instant de vivre dans les liens d'une cordiale fraternité. Touchante union de deux enfants que la Providence avait rapprochés ici-bas, qu'elle avait fait naître dans la même famille, grandir sous l'influence des mêmes exemples et des mêmes leçons, et que la mort n'aurait pas dû enlever l'un à l'autre !

Un double mobile, d'un ordre plus élevé, qui dirigeait Léopold par-dessus tous les autres dès ce premier début de ses études, c'était la sensibilité de son cœur et la vivacité de sa foi. Par son application, il voulait correspondre aux soins de son maître et lui en témoigner sa reconnaissance; mais il avait à cœur bien plus encore d'obéir sans réserve à cette inspiration qui l'avait pressé d'étudier, et dans laquelle il avait cru reconnaître l'expression de la volonté de Dieu sur lui. Guidé par des vues aussi surnaturelles, le laborieux enfant n'avait pas besoin d'encouragement et de surveillance, et sa conduite le prouvait assez dans les occasions où il n'avait que Dieu et sa conscience pour juges et pour témoins de l'emploi de ses heures. Quelquefois, il arrivait à M. le curé de s'absenter; et dans les premiers temps où Léopold recevait ses leçons, connaissant bien le naturel des enfants, toujours prompts à se relâcher loin de l'œil du maître, il lui donnait à dessein, ces jours-là, un devoir considérable, demandant ainsi beaucoup plus qu'il ne comptait obtenir. Mais en voyant à chaque fois ses prévisions trompées, il s'aperçut bientôt combien sa défiance était injuste et cessa de prendre cette inutile précaution. Toujours, en effet, dans ces circonstances, il était étonné et charmé de trouver, à son retour, le travail accompli d'un bout à l'autre. Le docile et consciencieux élève s'était privé de récréation et avait abrégé les instants de ses repas pour suffire aux exigences de la tâche imposée.

Cette inviolable fidélité au devoir et cet admirable esprit de foi étaient les fruits naturels de la vive piété dont les semences, déposées dans le cœur de Léopold, dès son plus bas âge, y avaient déjà poussé de profondes racines. Aussi n'était-il pas besoin de l'approcher longtemps pour en contempler les signes bénis et les précieuses et salutaires influences. Lorsque, après s'être donné au jeu ou à l'étude de tout son cœur, il était appelé à aller à l'église réciter le chapelet ou faire quelque autre pieux exercice, en entrant dans le lieu saint, ses traits prenaient aussitôt une expression modeste et recueillie : il s'agenouillait au pied de l'autel pendant des instants qu'il ne comptait pas, et priait avec une ferveur qui inspirait du respect et de l'admiration aux plus indifférents. Un homme éloigné de Dieu, et qui apparaissait rarement aux offices de la paroisse, en fit lui-même l'expérience. C'était pendant une procession de la Fête-Dieu dans laquelle Léopold, revêtu d'une aube blanche, présidait à la troupe gracieuse des petits enfants qui effeuillent des fleurs sur le passage du très-saint Sacrement ; son attitude était si belle parmi cette pompe touchante, son visage si épanoui par une sainte joie, son front si radieux au milieu de cette pluie de fleurs dont il semblait refléter l'éclat et la pureté, qu'en le regardant, un rayon de foi pénétra dans le cœur de cet homme, et qu'il versa des larmes d'attendrissement.

Tel fut Léopold jusqu'à l'âge de dix ans. Ainsi s'écoula sa vie tranquille, innocente et sainte, près du foyer de la famille d'abord, ensuite à l'ombre du sanctuaire, jusqu'au jour où, après avoir parcouru le cercle des premières connaissances qui sont la base des études classiques, il fut en état d'aller en continuer le cours au petit séminaire d'Orléans, à La Chapelle-Saint-Mesmin.

II.

Il entra donc au petit séminaire au mois d'octobre 1852, avec une grande joie, tempérée cependant par la peine qu'il ressentait de s'éloigner de son village, où il laissait tant et de si étroites affections. Mais les liens qui ne tardèrent pas à l'attacher à son nouveau séjour eurent bientôt calmé la vivacité si légitime de ces premiers regrets. Léopold ne resta pas longtemps à La Chapelle dans cette solitude et cet abandon qui environnent quelquefois les nouveaux arrivés au milieu de condisciples inconnus. Il vint, on le vit, on l'aima. Dès les premiers jours, chacun remarqua à l'envi ce petit enfant de dix ans à peine, au visage doux et candide, au regard profond, rayonnant d'intelligence et de pureté. Il était un des plus jeunes élèves de la maison, et il fut bientôt, à ce titre, un des enfants les plus chéris de la famille. Ses débuts, dans la classe de sixième où il était entré, achevèrent de le signaler à l'attention et de révéler tout ce qu'on pouvait en attendre. Bien que les élèves qui la composaient fussent pour la plupart ses aînés, il se plaça du premier coup à leur tête, de telle sorte qu'au bout de quelques semaines, il fut question de le faire monter dans le cours supérieur. Son extrême jeunesse fut la seule raison qui détermina à abandonner ce projet.

Ce fut surtout au petit séminaire que les brillantes qualités d'esprit de Léopold se montrèrent dans tout leur éclat. Là, entouré de concurrents plus nombreux, il sentit redoubler encore son ardeur et ses forces, et, enhardi par les succès qui ne se firent pas attendre, il arriva après quelques mois à réussir sans efforts et comme en se jouant ; ses premiers condisciples n'ont pas oublié les véritables tours de force qu'ils lui virent alors accomplir. Doué de la mémoire la plus heureuse, il lui arrivait quelquefois, après avoir appris sans peine les morceaux les plus longs et les plus difficiles, de les réciter dans une langue différente, avec une pureté remarquable et une merveilleuse facilité ; ou bien, cédant à une tentation que lui inspiraient la promptitude et la spontanéité de son esprit, c'était une traduction qu'il s'avisait d'écrire en classe à la place du texte et sous la dictée même du professeur ; et quelle que fût la rapidité inséparable d'un pareil travail, au jour de la correction son devoir était le plus souvent reconnu le meilleur. Chaque semaine, la composition, dans laquelle il manquait rarement d'obtenir la première place, était l'expression exacte et fidèle de ses succès quotidiens, et les manifestait devant la communauté tout entière; mais la modestie et la simplicité avec lesquelles celui qui les avait mérités obtenait ces petits triomphes scolaires, leur donnaient encore plus de prix et plus de gloire, tant il prenait à tâche de les faire oublier, au lieu de s'enorgueillir et de s'en prévaloir auprès de personne : « Que vous « êtes heureux! lui disait un jour un de ses « voisins d'étude, de faire si bien et si rapi-« dement vos devoirs! je me donne des « peines infinies et ne fais rien de bon. — « Que voulez-vous? lui répondait-il ingé-« nûment, il ne faut ni plus de peine ni plus « de temps. » Et dans l'élan de son bon cœur, il offrait généreusement aide et secours à ce condisciple moins favorisé que lui des dons de l'intelligence.

Une autre fois, voici comment il parle à ses parents et à son premier maître, dans une de ses lettres, d'une récompense extraordinaire qu'il avait obtenue en classe. Cet extrait de sa correspondance et tous ceux qui pourront suivre sont cités dans toute la naïveté de leur expression : « Monsieur le
« curé, dit-il, sait sans doute que nous
« avons entrepris d'apprendre par cœur Cor-
« nelius Nepos tout entier. C'est une grande
« affaire ; néanmoins nous espérons y par-
« venir. On nous avait proposé d'apprendre
« d'abord les deux premières vies, et on
« avait promis un volume à celui qui sau-
« rait les mieux réciter. Je l'ai obtenu, et je
« dois remercier le Ciel de m'avoir donné
« assez de mémoire et de facilité pour cela.
« Mais je dois dire aussi : *Non nobis Domine,*
« *sed nomine tuo da gloriam;* oui, c'est bien

« vrai, ce n'est pas à moi que je dois attri-
« buer ce petit succès, mais à Dieu qui me
« l'a donné. » Sentiments d'une admirable
élévation dans un cœur d'enfant si prompt,
d'ordinaire, à se laisser enfler par tout ce qui
peut caresser sa vanité naissante, et qui, au
lieu de se complaire dans les mouvements
d'une satisfaction bien naturelle, trouve déjà
assez d'énergie dans son caractère, assez de
force dans sa vertu encore si tendre, pour
s'élever sans efforts à la pensée de Dieu et
rapporter tout à sa permission et à sa gloire!

Ils se retrouvent encore répétés presque
sous la même forme, dans une lettre où il
annonce à sa mère qu'il a obtenu trois fois
de suite la place de premier. « Encore une
« bonne nouvelle à vous apprendre, ma chère
« mère : mes vœux sont accomplis, et pour
« la troisième fois la première place m'est
« échue; mais c'est à Dieu que doit en re-
« venir toute la gloire. »

Toutefois, si Léopold savait déjà demeurer humble et désintéressé dans les succès, il ne laissait pas de s'en réjouir à la pensée de son père et de sa mère, que de semblables nouvelles rendaient si heureux, et il lui était doux de croire qu'il les récompensait ainsi de tous leurs soins et de tous leurs sacrifices. « Après Dieu, leur dit-il dans la même lettre, « c'est à vous, chers parents, que je dois de « réussir dans mes études, puisque c'est vous « qui avez bien voulu me placer au petit « séminaire, et qui vous privez de tant de « choses pour moi. » Il n'est peut-être pas une seule de ces lettres où l'on ne retrouve les mêmes élans de sa reconnaissance, toujours exprimés de la manière la plus vive. Il ne peut se lasser de répéter à ses parents qu'il les aime, qu'il *pense à eux,* qu'il prie pour eux. Il ne se borne pas là : à côté des expansions de sa tendresse filiale, ce sont encore le nom de chacun des membres de sa famille, ceux des compagnons de son enfance et le souvenir cher et ineffaçable de ses premiers jours, qui reviennent sans cesse sous sa plume. Assurément, s'il lui avait été donné de vivre, quelque position honorable et élevée qu'eût pu lui faire son mérite, rien ne lui eût jamais fait oublier la vie cachée du village et ne l'eût empêché de se la rappeler amoureusement.

La conversation suivante, qui eut lieu un jour entre lui et sa mère, en fait assez foi :
« Mon Léopold, lui disait-elle, avec une in-
« tention secrète de l'éprouver, lorsque tu
« seras grand et que tu seras devenu savant,
« tu ne feras aucun cas de nous. Peut-être
« même que tu en rougiras. » En entendant ces paroles, le visage de l'enfant s'empourpra d'une subite rougeur, et il répondit avec vivacité : « Oh ! maman, peux-tu bien avoir
« des idées semblables ? Non, il n'y a que
« ceux qui font leurs classes à moitié qui
« peuvent ainsi oublier leurs parents ; mais

« quand on les fait tout entières et pour tout
« de bon, on pense et on agit bien différem-
« ment. » Et il ajoutait: « J'ai entendu ra-
« conter l'histoire d'un évêque qui était fils
« d'un charron comme moi, et qui, pour
« honorer la mémoire de son père, conser-
« vait dans sa chambre une roue faite par
« lui. Eh bien ! sans doute je ne serai ja-
« mais évêque ; mais si je suis jamais quel-
« que chose, n'importe quoi, je veux que
« papa me fasse une roue, avec le plus de
« perfection possible, et ce précieux souve-
« venir ne me quittera jamais. » Il y a, dans
cette touchante anecdote, tout une révéla-
tion de la droiture et de la noblesse qui
eussent distingué la carrière de Léopold en
ce monde et eussent fait la règle invariable
en même temps que le plus bel honneur de
sa vie.

Il ne touchait qu'à peine à sa onzième
année, lorsqu'il fut jugé digne de faire sa

première communion et de recevoir le Dieu qui vient à cet âge, en y reposant pour la première fois, prendre possession du cœur de l'homme, au début des années décisives de la jeunesse qui renferment et préparent tout l'avenir. Il faut suivre encore, à travers ses lettres, les admirables sentiments avec lesquels Léopold vit approcher ce grand acte de sa vie et le redoublement de ferveur par lequel il s'y disposa. Pendant les mois qui le précédèrent, ce fut le sujet unique et continuel de ses pensées, l'objet de ses aspirations les plus ardentes, le motif qui dominait les moindres de ses actions : « Priez bien « pour moi, écrit-il sans cesse à ses pa« rents, et demandez à Dieu la grâce que je « fasse une bonne première communion. » Ce n'est pas tout : si empressé pour lui-même d'attirer sur le plus beau jour de sa vie de nombreuses prières et d'abondantes bénédictions, il n'oublie pas non plus qu'il y a, loin de lui, des âmes chères à la sienne préve-

nues de la même faveur et conviées comme elle au banquet eucharistique. « Je sais, con-
« tinue-t-il, qu'à Vennecy il y a des enfants
« qui se préparent à la première commu-
« nion ; je pense bien à eux dans mes
« prières. Demandez-leur aussi qu'ils se sou-
« viennent de moi. »

Une préoccupation attristait pourtant Léopold, au milieu de cet empressement si vif avec lequel il vit approcher le jour de sa première communion. Il avait conçu la sainte ambition d'être comme le chef et le guide de cette troupe innocente qui allait pour la première fois s'approcher du Sauveur, et, songeant qu'au petit séminaire cet honneur lui serait peut-être vivement disputé, il regrettait presque de n'être plus au village, où la concurrence de ses anciens condisciples eût été moins redoutable. L'événement lui rendit meilleure justice qu'il ne se la rendait à lui-même : au catéchisme de semaine, comme à l'examen, il surpassa tous ses condisciples par sa piété et ses réponses, et cette âme angélique mérita de s'approcher la première de la table des anges, le jour de la fête de l'Ascension, 5 mai 1853.

Les extraits empruntés à la correspondance de Léopold n'ont dévoilé que le cœur affectueux et reconnaissant, l'âme aimante et pieuse; ils n'ont qu'à peine laissé paraître l'esprit distingué. Et pourtant, il ne cesse de se révéler dans chacune de ces pages, écrites le plus souvent à la hâte, naïf et intime épanchement d'un fils dans le sein de sa mère, d'un enfant dans le cœur de ses maîtres et de ses amis. Il y a beaucoup de ces lettres qui ne sont pas moins remarquables par la pensée et le sentiment que par l'expression et le style : une simplicité charmante, une exquise délicatesse, je ne sais quel tour vif et gracieux, un parfum de candeur qui s'en exhale à toutes les lignes, tels sont les caractères principaux de cette correspondance, un des plus précieux et des plus attachants souvenirs que Léopold nous ait laissés. Une lettre est un miroir où se réflètent toutes les facultés d'un homme. Cela est vrai surtout des lettres d'un enfant, qui, écrivant sans art et sans sollicitude, découvre malgré lui à ceux qui le lisent toutes les aptitudes et tous les germes naissants de son esprit. La nature si ouverte et si expansive de Léopold devait, moins que toute autre, échapper à cette loi. Aussi voyons-nous se trahir à tout propos dans ses lettres les dons remarquables dont il était doué, une imagination pure et prompte, la correction et la limpidité d'un style déjà ferme et élégant, une sensibilité vive et tendre, et jusqu'à cette teinte de tristesse qu'il portait dans les yeux et sur le front.

D'ailleurs, les précieuses qualités de son intelligence se manifestaient de plus en plus tous les jours, à mesure qu'il avançait dans ses études et commençait à toucher le seuil de son éducation littéraire. Il ne devait pas ressembler à ces élèves qui, après avoir d'abord jeté quelque éclat dans leurs premières études, démentent ensuite tout à coup les espérances qu'ils avaient fait concevoir. Au contraire, sa supériorité qui sembla s'affermir et distancer davantage ses rivaux au commencement de ses humanités, démontra que, dans son esprit, la solidité ne nuisait en rien au brillant et à la richesse. Déjà, les professeurs des classes les plus élevées voyaient et aimaient en lui leur plus belle espérance. Chaque année, il revenait à Vennecy chargé de presque toutes les couronnes de la classe; mais sa modestie était toujours la même, et ne succombait pas sous ce poids de gloire. Au milieu de tous les regards et de tous les éloges dont il était l'objet, il semblait s'ignorer lui-même, et, s'il arrivait à sa mère de le vanter en sa présence, il ne savait que rougir, baisser les yeux et l'arrêter par ces sim-

ples paroles : « Maman, il ne faut point par-
« ler de moi comme cela. »

A cette époque, Léopold, qui était l'orgueil de sa mère par ses couronnes, faisait aussi sa joie par sa bonne mine et la vigueur de son tempérament. Jamais enfant, plus que lui, n'avait été exempt de ces maladies diverses qui compromettent souvent notre vie dans la faiblesse de son premier âge. A peine si, depuis son berceau, il avait connu la plus légère indisposition. Tous ceux qui l'aimaient voyaient avec joie croître paisiblement son enfance, prête à se transformer tout à l'heure dans une forte et généreuse jeunesse, tandis que, cependant, le germe de mort qui devait l'enlever bientôt commençait déjà à se développer et flétrissait clandestinement toutes ces espérances. Et ce germe, à travers les apparences d'une santé qui semblait si robuste, des yeux clairvoyants et attentifs pouvaient le deviner. Un auteur a dit : « Lors-

« que vous voyez les yeux d'un enfant briller
« d'une lumière profonde et immatérielle,
« lorsque son intelligence trouve des mots
« plus doux et plus sensés que ne le com-
« porte son âge, n'espérez pas garder près
« de vous l'affectueuse créature, car le sceau
« de Dieu est sur elle, et c'est la lumière de
« l'immortalité qui brille dans ses regards. »
Hélas ! ne dirait-on pas que ces paroles ont
été écrites pour le pauvre enfant en qui elles
se sont si tristement réalisées ? Dans laquelle
de ces victimes ont pu se manifester davantage les symptômes terribles de ce mal
étrange, sans nom et sans remède, qui brise
tant d'existences dans la sève trop hâtive de
leur printemps ? Il est beaucoup de familles
qui voient apparaître un jour, à leur foyer, de
ces enfants aux grâces touchantes, au sourire
céleste, dont la vie exhale un parfum et répand partout autour d'eux un charme indéfinissable. Tout à coup, au moment où elles
sont le plus chéries, sans qu'il s'en révèle

aucune cause extérieure, ces créatures idéales sont touchées par un souffle mortel; leur enfance s'étiole, se penche vers la terre, tandis que leur âme mûrit dans la souffrance, que leur front semble s'élargir et que leurs yeux regardent plus souvent le Ciel. Enfin arrive le jour où ils s'y envolent, des bras d'un père et d'une mère éplorés, anges que le Ciel prête à la terre, qu'il y envoie remplir une mission mystérieuse, et puis qu'il rappelle, cette mission finie, dans leur patrie véritable.

Au commencement de son année de quatrième, Léopold était encore un enfant frais et vif, supportant avec une égale facilité les fatigues du travail et les exercices les plus violents du jeu; cela n'empêchait pas qu'il ne fût dès lors l'objet de secrètes inquiétudes. Bien souvent ceux de ses maîtres qui l'aimaient le plus et qui l'avaient le plus habituellement sous les yeux, se demandaient, en l'observant avec anxiété, s'il vivrait longtemps en ce monde. Ils craignaient de découvrir dans l'ensemble de sa physionomie, dans ces grands yeux dilatés, dans ces vives couleurs, dont l'éclat contrastait avec un teint d'une blancheur mate, les signes trop significatifs d'un douloureux travail intérieur. L'un d'eux, notamment, frappé plus que personne de cet extérieur extraordinaire, le pressait souvent de questions à cette époque, et Léopold lui avoua un jour qu'il lui arrivait quelquefois de ressentir une contraction pénible et comme rhumatismale dans tous les membres. Cependant le mal ne trahissait encore que ces caractères vagues, et rien ne pouvait faire pressentir qu'il conduirait si prochainement sa victime au tombeau.

III.

Léopold venait d'achever son cours de quatrième, et il était allé passer à Vennecy les deux mois de ses vacances, lorsqu'au commencement de septembre il éprouva tout à coup une indisposition extraordinaire. Une tache noirâtre parut un jour sur son front, du côté de la tempe gauche, semblable à la trace que laisse une meurtrissure, bien qu'il ne lui fût arrivé aucun accident semblable.

Bientôt une ophtalmie se déclara : l'œil ne tarda pas à s'enflammer, et une taie blanche couvrit la prunelle. Il fallut garder la chambre obscure, se soumettre à toutes sortes de douloureux remèdes ; mais dès les premiers jours la patience de Léopold fut à la hauteur des épreuves qui lui étaient réservées. Grâce aux soins assidus de sa bonne mère, la première inquiétude qu'on avait conçue pour la conservation de son œil ne dura pas, et le moment de la convalescence ne se fit pas longtemps attendre.

Elle fut longue et dura trois mois, qu'il passa exilé du petit séminaire, loin de ses maîtres et de ses amis, qu'il lui tardait de rejoindre. C'était la première fois que Léopold manquait au rendez-vous de la rentrée commune, et il avait eu bien de la peine à accepter cette nécessité. Il ne pouvait la supporter qu'à la condition d'une lettre, qui lui apportait chaque semaine, avec des nouvelles des condisciples qu'il aimait, le résultat de la composition hebdomadaire, dont la lecture excitait encore son émulation inactive. Encore ne put-il se contenter longtemps de cette consolation, qui trompait et soulageait trop peu son impatience. Il y avait quelques mois qu'un nouveau prêtre avait remplacé, dans la cure de Vennecy, celui qui avait été son premier maître. Dès que sa santé commença à se raffermir, Léopold, qui en avait souvent reçu des visites à titre de malade, alla se présenter à lui comme écolier, le priant de l'aider, en lui donnant quelques leçons, à attendre l'époque tant désirée où il pourrait reprendre le chemin du petit séminaire. M. le curé ne s'y refusa pas, et durant le peu de jours où il dirigea son travail, il fut aussi étonné des prodigieux moyens de cet enfant que séduit par les charmes de son caractère. Les vertus si admirables qu'il lui vit pratiquer pendant sa dernière maladie devaient l'attacher à lui bien plus encore, jusqu'à ce qu'enfin le dernier sceau fût mis à son affection pour cette âme par l'exercice de cette paternité suprême et divine qui l'appela, en lui donnant au lit de mort les secours de la religion, à l'enfanter à l'éternité.

Enfin, après les congés du premier de l'an, Léopold, quoique son rétablissement fût encore bien douteux, rentra au petit séminaire dans la classe de troisième. Ce n'était plus l'enfant vermeil et joyeux qui l'avait quitté au mois de juillet, environné de l'éclat de ses couronnes. Son teint était pâle et ses traits amaigris; il y avait dans ses allures quelque chose de moins vif, une expression plus tendre et plus fixe dans ses yeux. C'était toujours, du reste, la même intelligence, la même effrayante facilité. Après avoir interrompu pendant trois mois tout travail, et lorsqu'à peine, l'année précédente, il avait appris les éléments de la prosodie, il fut, tout de suite après son arrivée, le premier en vers.

Plus d'une fois déjà, ses facultés poétiques s'étaient laissé deviner d'avance dans des essais charmants. Sa souple et gracieuse intelligence avait d'immenses ressources d'imagination, et s'élevait comme naturellement à cette manière supérieure et lumineuse de voir et de rendre les choses, qui est la poésie. Élevé à la campagne, dans un pays riant et pittoresque, fleur épanouie au grand air sous l'infini du ciel, il avait senti de bonne heure se réfléchir dans son âme, avec une impression profonde, toutes les scènes variées de la nature dont il était le témoin candide, et sa pensée naissante apprit sans peine, lorsqu'il en fut temps, à se revêtir de fraîches couleurs et d'heureuses images. Il y avait d'ailleurs, inné chez lui, un sens pur et délicat qui lui faisait reconnaître et apprécier instinctivement les belles choses. Je me souviens de l'avoir vu, un jour, tomber comme en extase devant une exposition artistique. Il resta quelque temps absorbé dans une contemplation muette, promenant amoureusement ses yeux d'un objet à l'autre, et ne pouvant s'arracher au plaisir qu'il y trouvait. Assurément, il y a peu d'enfants qui, à cet âge, soient capables d'en goûter de semblables.

Déjà, au milieu de l'année scolaire qu'il avait commencée si tard et avec des causes d'infériorité si grande, Léopold se maintenait constamment à la seconde place et était même sur le point d'atteindre la première, lorsque les forces, qu'il n'avait jamais bien recouvrées, le trahirent de nouveau et l'obligèrent encore une fois à aller les rétablir dans la maison paternelle. Pendant plus de cinq mois, il resta à Vennecy dans un repos absolu, entouré de toutes les précautions et de tous les soins; à peine s'ils aboutirent à lui rendre pour un moment une trompeuse apparence de santé, dont il se prévalut pour demander à partager la rentrée commune.

Il avait trop présumé de lui-même, car, presque aussitôt après son retour à La Chapelle, l'aiguillon de son mal intérieur se fit de nouveau sentir. Toutefois, la pensée d'avoir perdu un temps précieux, et aussi sans doute l'énergie que puisèrent ses facultés littéraires dans la sève de leur premier essor, donnèrent à son travail, au commencement de cette année, une singulière puissance qui fut féconde en éclatants résultats. On n'oubliera jamais, au petit séminaire, les premières vibrations de cette lyre aux accents si harmonieux et si purs, qu'elle a mérité d'être mêlée dans le Ciel parmi les lyres des anges : la légende de saint Patrice faisant naître des fleurs au milieu de l'hiver; une autre pièce non moins brillante, intitulée *le Poëte à la campagne,* et surtout cette délicieuse épître à la manière d'Horace, où est raconté un tragique épisode de la vie écolière dans des vers d'une élégance et d'une richesse qui étonnent, venant d'une muse encore si peu exercée.

Parmi ces compositions, prémices du talent littéraire de Léopold, et qui datent de cette année de seconde qu'il ne devait pas voir finir, il en est une en particulier qui nous a paru plus touchante et plus précieuse que toutes les autres; c'est un devoir français dont le sujet avait été proposé en classe sous ce titre : *Lettre de condoléance adressée par un ami à un père, sur la mort de son fils.* Il règne dans toute cette lettre un accent si mélancolique et si ému, sa lecture présente à l'esprit tant de rapprochements frappants et étranges, qu'il semble que l'auteur ait eu, en la composant, comme un pressentiment de la triste réalité dans laquelle cette fiction devait se transformer bientôt. On dirait qu'en traçant le portrait de ce fils unique et bien-aimé, enlevé dans la fleur des plus riches espérances, il s'est regardé lui-même et qu'il a voulu consoler, de sa voix aimée et persuasive, le père qui maintenant ne l'a plus et le pleure si amèrement.

Singulières et étonnantes coïncidences ! j'ai trouvé aussi, dans une de ses analyses de catéchisme, une page qu'on dirait encore inspirée par la même pensée. Voici l'histoire qu'il raconte pour réfuter une objection contre la prière : « Pendant la vie de saint Jean l'Au-
« mônier, écrit-il, un jeune enfant tomba
« malade, et le père alla prier le saint de
« demander à Dieu sa guérison. Tous deux
« prièrent avec ferveur ; mais l'enfant suc-
« comba. Alors, accablé de douleurs, le
« père se plaignit à Dieu de ce que sa
« prière n'avait pas été exaucée, lorsque
« tout à coup un ange lui apparut et lui dit :
« O mon père ! ne murmurez pas, vos priè-
« res n'ont pas été sans fruit ; elles m'ont
« obtenu le Ciel, et sans elles je ne serais
« pas maintenant au Paradis où je vous at-

« tends et où vous devez me rejoindre un
« jour. » Ah! sans doute, si une apparition
semblable n'est pas venue sécher les larmes
qui coulent sans relâche près du foyer où
un vide si affreux a été fait par la mort,
du moins la Providence, dans sa miséricordieuse sollicitude, envoie-t-elle souvent au
cœur de ses hôtes solitaires et désolés une
pensée pleine de rafraîchissement et d'espérance, qui ne les trompe point en leur montrant l'enfant qu'ils pleurent ici-bas, heureux et souriant au milieu des joies célestes
d'où son regard ne cesse de les suivre, et sa
toute-puissante médiation de les protéger !

Faut-il voir dans ces deux pages si consolantes le témoignage d'un avertissement
surnaturel qu'aurait reçu Léopold, et qui
aurait annoncé d'avance à son âme virginale
l'heure de l'époux ? Lui aurait-il été donné
de prévoir, par une grâce spéciale et extraordinaire, qu'il allait être bientôt la cause

des larmes de son père et de sa mère, comme il avait été trop peu de temps la cause de leur joie? Il ne nous appartient pas de le savoir et de le dire; mais, assurément, il était de la famille de ces élus privilégiés auxquels Dieu se plaît quelquefois à accorder cette faveur pour les préparer à se rendre plus dignes de lui lorsqu'il les appellera hors de ce monde. Quoi qu'il en soit, de jour en jour il devenait plus triste et plus pensif; ses prières étaient plus prolongées, ses pratiques de dévotion encore plus fréquentes et plus assidues que par le passé. Dès son entrée au petit séminaire, sa conduite exemplaire lui avait ouvert les rangs de la congrégation des Saints-Anges, et il avait mérité d'en remplir successivement les premières charges. Elles le désignèrent, lorsqu'il eut atteint l'âge voulu, pour être admis dans la congrégation de la Sainte-Vierge, réservée aux classes moyennes de la maison. Depuis longtemps il désirait beaucoup d'en faire partie, et ce fut avec une joie ineffable qu'il récita l'acte de consécration à la divine Mère dont il fut plus spécialement l'enfant en ce monde pendant quelques semaines, pour continuer à l'être éternellement dans les cieux.

Cependant son intelligence commençait à entrer dans cette période d'abattement où la réduisait peu à peu l'affaissement physique : « Je ne puis travailler que lorsque j'ai la « fièvre, » disait-il à un de ses maîtres qui lui demandait une pièce de vers. A cet état fréquent de surexcitation succédait le plus souvent un épuisement profond. En vain on l'entoura de soins attentifs et exceptionnels : une troisième relâche devint nécessaire, et Léopold alla redemander une dernière fois à l'air natal de renouveler en lui les sources de la vie prêtes à tarir.

Cette fois, en quittant le petit séminaire, il

ne se dissimula point qu'il s'en éloignait pour toujours. « Je m'en vais demain, » dit-il, la veille de son départ, à un de ses condisciples les plus tendrement aimés ; et comme celui-ci, surpris et attristé par cette nouvelle, lui demandait avec anxiété si cette absence serait longue : « Je ne sais pas, » répondit-il d'un ton de voix qui voulait dire : « Je sais bien « que je ne reviendrai jamais. » Quelques jours auparavant, il s'en était expliqué avec le même condisciple d'une manière plus claire encore, et qui ne laissait aucun doute sur les pensées de mort qui occupaient son esprit.

Ce qu'il ne cachait pas à ses amis, il le disait aussi à Dieu avec un accent de soumission admirable. Je copie, mot pour mot, une de ses analyses de catéchisme, composée le dimanche qui précéda la fête de Noël, et qu'il remit lui-même au préfet de religion, avec ces paroles : « Monsieur, c'est la dernière « que je vous donne. » Quelques jours après,

il n'était plus à La Chapelle, et on lisait, au milieu du catéchisme attendri, cette belle prière : « Mon Dieu, dans le saint temps où
« nous sommes, nous devons vous prier
« plus que jamais. C'est maintenant, au
« moment où vous allez descendre sur la
« terre pécheresse pour commencer la ré-
« demption, que nous devons plus que ja-
« mais vous exposer nos besoins; vous me
« permettrez, ô mon Dieu, de vous deman-
« der la santé, si elle peut servir à votre
« plus grande gloire, et vous ne me la re-
« fuserez pas s'il n'est rien pour moi de
« plus utile. Je prends la résolution de me
« conformer à la volonté de Dieu. »

Quelquefois ce n'était pas seulement avec résignation, c'était avec enthousiasme que cette intéressante victime acceptait la mort, et elle en semblait voir le jour et la préparation douloureuse comme dans une lumière prophétique. Ces lignes brûlantes, extraites d'un de ses cahiers de retraite, sont dictées par ce sentiment : « O mon Dieu, s'écrie-« t-il, je franchirai la montagne sainte qui « me sépare de la vie éternelle ; j'arriverai « au sommet à travers mille peines et mille « dangers. Là, je verrai le séjour qui m'at-« tend et où je serai constamment heureux. « Mon âme sera sauvée, mon salut sera opé-« ré ; alors je ressentirai les fruits précieux « de mes travaux et de mes peines, et je « serai content d'avoir ainsi souffert dans « mon corps pour sauver mon âme. »

Mais c'est surtout dans la dernière retraite qu'il fit au petit séminaire que les épanchements de sa ferveur le trahirent et découvrirent sans voiles, avec la candeur immaculée de son âme, les préoccupations intérieures qui la remplissaient : « Que cette retraite prépare « l'avenir ! » écrit-il après une méditation sur la mort ; et à la page suivante : « Cette « retraite, ô mon Dieu, est la grâce der-

« nière ; je me promets de bien penser à mes
« destinées éternelles. » Enfin il termine la
série de ces réflexions par ces mots remarquables : « Cette instruction est celle qui
« m'a le plus frappé. » Plus loin, ce sont
les élans et les larmes de sa contrition qui
vont déborder ; mais tout à coup, au moment
de s'y abandonner, il hésite, il sonde scrupuleusement tous les replis de sa conscience,
et, n'y trouvant que le parfum et la blancheur d'une innocence baptismale, il ne sait
plus bien s'il a jamais péché : « Peut-être,
« ô mon Dieu, ai-je été bien infidèle à votre
« grâce ; si cela est, je m'en repens bien
« amèrement.... J'ai bien regret de mes
« fautes.... Elles me font bien de la peine...
« Mais lorsque vous m'aurez pardonné, je
« serai pur comme au jour de mon baptême ;
« mon âme sera belle comme au matin de
« ma première communion. » Cette âme,
en effet, était déjà sans doute bien aimée de
Dieu, lorsque commencèrent pour elle ses

six mois de souffrance suprême, qui devaient achever de l'épurer et de la préparer à prendre son vol vers les tabernacles éternels où elle était digne d'adorer.

A peine arrivé à Vennecy, une révolution subite s'opéra dans l'état du petit malade; mais ce n'était pas une de ces secousses salutaires qui peuvent quelquefois sauver, lorsqu'elles ne perdent pas sans retour. En quelques jours, Léopold fut réduit à une maigreur et à une faiblesse plus extrêmes que jamais. En même temps, la saison se montrait bien peu favorable pour arrêter les progrès du mal et déterminer la convalescence. Il aurait fallu au pauvre alangui de l'air et du soleil, tandis que la température âpre et brumeuse de décembre le forçait à demeurer tout le jour renfermé entre quatre murs.

Ce fut ainsi, pendant tout un hiver, qu'il attendit la mort, venant pas à pas dans cette petite chambre, dont les moindres dispositions sont restées dans la mémoire de tous ceux qui l'y ont visité, comme l'encadrement de sa douce physionomie. Elle avait été construite pour lui, lorsqu'il revenait pendant les vacances, auprès de la chambre commune de la famille, avec laquelle sa porte communiquait. L'ameublement en était simple, comme Léopold l'avait désiré : un lit de noyer, une petite bibliothèque, que chaque année la distribution des prix enrichissait de nouveaux volumes, un crucifix appendu au-dessus de la cheminée dominant une statue de la sainte Vierge, deux tableaux commémoratifs de sa réception parmi les congréganistes, représentant le repos et l'abandon de l'âme entre les bras de Marie, son portrait auprès de son lit, faisant face à l'image photographiée des élèves de sa classe, une table enfin, et dessus l'*Imitation* entr'ouverte avec un chapelet qu'il prenait tour à tour ; tels en étaient les ornements, modestes presque tous, choisis et rassemblés là par une pensée du cœur et une intention pieuse ; tels furent aussi les objets touchants et les aimables souvenirs parmi lesquels Léopold s'éteignit doucement et passa des bras de sa mère dans les bras de Dieu.

Avant ce jour fatal, une joie lui était encore réservée. Vers la fin de décembre, les suffrages de ses maîtres et de ses condisciples l'élurent membre de l'académie littéraire, où son mérite lui marquait une place depuis longtemps. C'était un honneur que le cher malade avait vivement désiré. Un des professeurs, qui lui portait l'intérêt le plus affectueux, se réserva la consolation de lui annoncer la promotion tant souhaitée. Comme on était alors au temps de Noël, il joignit à sa lettre une petite méditation sur la Crèche, qu'il avait appropriée à l'état de souffrance et aux besoins de l'enfant, et que celui-ci devait lire dans les moments où son mal serait moins vif et son âme plus libre. La ré-

ponse de Léopold témoigne de sa modestie et de sa reconnaissance : « J'espère bien, ajou-
« tait-il en finissant, aller bientôt vous revoir
« et recevoir mon diplôme. » En effet, nous le vîmes reparaître parmi nous, le jour de la séance académique du 30 décembre. Ses amis le conduisirent à la place d'honneur qui venait de lui être faite. Mgr l'évêque d'Orléans lui remit les insignes de sa dignité nouvelle; mais il n'avait qu'un souffle, et un de ses condisciples dut lire en son nom et en sa présence la gracieuse et facile composition latine qu'il avait écrite, et qui lui valut son dernier triomphe. Le lendemain, Léopold retournait vers sa mère, et ceux qui le virent alors, pâle, haletant, se traînant avec peine, appuyé sur nos bras, lui dirent un triste et dernier adieu dans leur cœur.

Un mois après, il y avait au petit séminaire de La Chapelle une nouvelle séance en l'honneur de saint François de Sales. On y lut encore une pièce de lui; mais il n'était pas là pour l'entendre. C'étaient des vers lyriques adressés à son ancien maître, missionnaire aux Grandes-Indes, et l'on remarqua que l'aimable enfant, par une attention délicate, avait voulu consacrer ses premières strophes latines à son premier professeur. Le nom du cher malade réveilla les sympathies dans tous les cœurs, et ce ne fut pas sans un douloureux pressentiment que l'on entendit le secrétaire prononcer ces paroles : « Si ces quelques vers, que nous avons conservés dans toute leur simplicité naïve, excitent en vous quelque douce émotion, nous oserons, en retour, vous demander un souvenir devant Dieu pour le jeune et cher académicien que la maladie empêche aujourd'hui de siéger au milieu de vous, et de jouir d'une amitié qui serait sa plus douce consolation. »

En effet, vers le milieu de janvier, un incident qui donna les plus vives inquiétudes était venu aggraver l'état du malade. Il avait été atteint tout à coup d'une bronchite aiguë qui compromit sa poitrine. Ce qui ajoutait encore au péril, c'était l'exténûment auquel il était réduit, qui ne permettait d'employer les remèdes violents qu'avec beaucoup de circonspection et de prudence. Jusque-là, il avait été capable de lire les lettres qu'on lui adressait sans cesse du petit séminaire. Cette consolation dut lui être désormais retirée; mais l'affection de ses maîtres et de ses condisciples sut y pourvoir. Bientôt, une visite de plusieurs d'entre eux vint lui témoigner que sa pensée, depuis son départ, remplissait tous les cœurs à La Chapelle. Nous trouvâmes Léopold couché, immobile dans son lit, dont le rideau entr'ouvert donnait accès à un rayon de soleil qui éclairait son visage affreusement pâle. Malgré son épuisement, il nous reçut bien; et pendant tout le temps que nous restâmes à ses côtés, la joie ne cessa de briller dans ses yeux, qu'il tenait fixement atta-

chés sur nous. Nous pressâmes avec effusion ses mains amaigries ; nous lui parlâmes d'espérance de guérison, de retour. Il sourit à nos paroles, mais d'un sourire plein de tristesse et d'incrédulité. Il fallut, pour lui ménager les émotions, abréger cette entrevue. Nous partîmes, le cœur serré, les yeux humides de larmes, car nous pensions l'avoir embrassé pour la dernière fois. La nuit qui suivit fut en effet mauvaise et alarmante. Mais quelques jours après, nous apprenions qu'un mieux inattendu s'était produit. L'espérance renaissait dans tous les cœurs ; celui-là seul qui en était l'objet s'y montrait inaccessible :
« Bon papa, disait-il à son père, qui l'ento-
« rait sans cesse des soins les plus empressés,
« vous avez beau faire, jamais je ne guérirai,
« jamais l'on ne me verra me promener dans
« les rues. » Ces paroles étaient dites avec une émotion calme, et l'admirable enfant demeurait impassible, inondé des larmes qui lui répondaient.

Un jour cependant, un seul jour, sa résignation sembla prête à l'abandonner. Sentant la vie s'épuiser dans ses veines, son intelligence naguère si vive et si pénétrante incapable désormais du plus petit effort et de la moindre application, épouvanté par la conscience de son état, il sentit un instant son cœur faillir, et ses larmes coulèrent en abondance. « Mon Dieu, s'écria-t-il à « plusieurs reprises, d'une voix entrecoupée « de sanglots... je ne puis plus même pen- « ser à vous; ayez pitié de moi. » Cette prière fut entendue, et des grâces victorieuses vinrent soutenir la faiblesse de la nature et l'empêcher de succomber. Cette heure d'abattement passa vite, et Léopold reprit dès lors une sérénité qui ne le quitta plus. Il en avait besoin pour soutenir la seconde crise, qui ne se fit pas attendre et le mit, pendant une nuit tout entière, dans une position désespérée.

Ce fut au sortir de ces premières étreintes

de la mort qu'on s'empressa de lui faire recevoir le saint viatique. A la vue de la divine Eucharistie qu'on lui apportait, Léopold se ranima, et il reçut avec les plus vifs élans de joie et d'amour l'hostie sainte, dans laquelle il avait mis depuis longtemps toute sa consolation, son espérance. Toute sa famille, agenouillée, assistait à la cérémonie, pressée dans sa chambre autrefois solitaire, maintenant encombrée tout le jour par de nombreux visiteurs, dont chacun emportait de son lit quelques paroles édifiantes et célestes. M. le curé, qui ne laissait pas passer une seule journée sans venir le visiter plusieurs fois, lui demandait un jour s'il pensait au bon Dieu : « J'y pense quelquefois, lui répondit-
« il, mais pas aussi souvent que je le de-
« vrais. »

Après la pensée de Dieu, celle de la sainte Vierge occupait tout son cœur et se traduisait sans cesse sur ses lèvres. Comme on lui disait que Marie devait avoir une bien large part dans ses affections : « Oh ! la sainte « Vierge, répondait-il avec effusion, je ne « puis pas l'oublier. Elle est deux fois ma « mère. » Environ un mois avant sa mort, un soir qu'il était seul avec sa mère, il lui dit : « Mets-toi à genoux, maman, et nous « réciterons ensemble le *Souvenez-vous,* » et il fit cette prière à haute voix avec la piété d'un ange du Ciel. Lorsqu'elle fut terminée, il ajouta : « Je ne sais pas ce que le bon Dieu « me réserve; mais si je reviens jamais à la « santé, quelle que soit un jour ma position, « quel que soit le lieu que j'habite, jamais je « ne laisserai passer un jour de ma vie sans « aller m'agenouiller à un autel de la sainte « Vierge. »

A mesure que le terme de sa vie approchait, Léopold tenait ainsi sa pensée plus constamment élevée vers les choses du ciel, et les douloureuses préoccupations de son cœur filial, de plus en plus brisé à l'approche de la séparation, pouvaient seuls la rappeler encore quelquefois sur la terre. « Quand je serai mort, répéta-t-il plusieurs « fois à ses parents en les couvrant de bai- « sers, vous serez bien malheureux ; mais si « je vais dans le ciel, je ne vous quitterai « pas un seul instant : je me tiendrai tou- « jours à côté de vous. » Avant d'accomplir cette promesse, en devenant dans le Ciel l'aimable et puissant protecteur de chacun des membres de sa famille, il devait, commençant sa mission dès ici-bas, être pour eux un ange de paix et de réconciliation, et laisser dans une union parfaite et inaltérable tous ceux qui s'étaient partagés son affection en ce monde. Leur souvenir fut si continuellement présent à son cœur jusqu'au dernier moment, que, tandis qu'il s'oubliait lui-même et ses souffrances, il se montrait au contraire rempli d'une inquiète sollicitude pour toutes les personnes qui l'entouraient.

Sa bonne mère devait remplir ses devoirs religieux le jour même de la fête de Pâques ; mais elle en fut empêchée. Plusieurs fois, et même dix minutes avant sa mort, il lui dit : « Bonne maman, quand donc feras-tu tes « Pâques ? » Et comme celle-ci s'empressait de lui dire qu'elle n'y manquerait pas plus cette année que les autres : « Tu les feras « aussi, n'est-ce pas ? » dit-il, en se tournant vers son père. Celui-ci le promit, et l'enfant lui répondit par un sourire où se peignait toute la joie qu'il avait de cette assurance.

On était aux premiers jours d'avril, et le dénoûment de la maladie commençait à s'annoncer d'une manière de plus en plus prochaine. Le travail de consomption intérieure se révélait clairement au dehors par une maigreur telle que tous les linéaments du visage se dessinaient en angles osseux à travers la peau ; en même temps, le souffle devenait plus pénible et plus embarrassé. La résignation et la patience, loin de se démentir, semblaient croître en proportion des épreuves auxquelles elles étaient soumises. Il n'y avait pas à s'en étonner. Pendant la dernière période de sa maladie, Léopold communia souvent, et, à chaque fois, il reçut le pain des mourants avec une piété toujours croissante : on eût dit que son âme, prête à quitter les ombres et les apparences de la terre, contemplait déjà son Dieu face à face sous les voiles eucharistiques.

La dernière de ces communions présenta un touchant spectacle que n'oublieront pas ceux qui eurent le bonheur d'y assister. Pressentant sans doute que tout allait être bientôt fini pour lui sur la terre, le petit malade voulut demander pardon aux personnes qui étaient présentes des scandales qu'il leur avait causés, disait-il. Lorsqu'ils entendirent cette amende honorable si surprenante dans une pareille bouche, l'émotion gagna tous les assistants : chacun se rappelait à l'envi les édifiants exemples que Léopold avait donnés à tout le village, sa douceur, sa docilité, son recueillement devant les saints autels, et, le cœur assiégé par ces souvenirs, ils ne savaient répondre à ses paroles que par des sanglots. Trois ou quatre jours avant sa mort, M. le curé eut la pensée de lui apporter les reliques de la vraie croix que possède l'église de Vennecy. Il les reçut avec empressement et les baisa aussitôt avec respect, puis il les donna à baiser à son père, à sa mère et aux autres parents qui étaient près de lui.

Le 13, de nouveaux symptômes se manifestèrent, plus alarmants encore que ceux qu'on avait pu remarquer jusque-là. Le malade n'avait plus aucune force ; une aphte épaisse commença à revêtir les gencives et l'intérieur du palais, qu'il mit tout en feu : ce fut pour la pauvre petite victime le signal de souffrances inexprimables. Bientôt l'inflammation s'introduisit dans la gorge et rendit la respiration haletante. A chaque instant, Léopold était suffoqué, et une affreuse oppression soulevait péniblement sa poitrine. Au milieu de ces angoisses, les yeux de l'enfant étaient toujours calmes et limpides, perçants d'intelligence et sublimes de résignation. Il n'ouvrit pas une seule fois la bouche pour se plaindre ; mais il portait tour à tour ses regards sur son père, sur sa mère, sur tous les visages amis qui l'entouraient, et cette vue semblait le soutenir jusqu'au moment où il expira ; à peine cessat-il un instant de conserver sa pleine connaissance seulement interrompue par quelques crises qui venaient, de temps en temps, précipiter le cours de la mystérieuse maladie.

Enfin, le 18 au matin, comme il avait

passé une nuit mauvaise, une quinte violente de toux l'assaillit, assez semblable d'ailleurs à celles-là mêmes auxquelles il était sujet depuis quelque temps. Le petit malade sembla étouffer et fit à plusieurs reprises de vaines tentatives pour rejeter quelque chose qui embarrassait sa gorge. Son père était près de lui qui l'encourageait, et sur sa parole il fit un suprême effort. Ce fut son dernier soupir : épuisé, il retomba sur lui-même ; un flot de sang sortit de sa bouche, et il reposa doucement sa tête sur l'oreiller. Les dernières illusions de l'espérance étaient détruites. La mort, imminente depuis plusieurs jours, était venue inopinément sans se faire précéder d'une agonie qui eût été trop déchirante.

On apprit le jour même au petit séminaire la triste nouvelle. Elle était, hélas ! trop attendue; mais néanmoins elle produisit, en se répandant parmi les élèves, une impression profonde. Pendant tout le temps qu'avait duré sa maladie, Léopold avait été l'objet continuel des entretiens et des prières de ses condisciples. Tous le connaissaient et l'aimaient, et lorsqu'on apprit qu'il n'était plus, il n'y eut pas un cœur qui ne se serrât au souvenir de cet enfant naguère encore si plein de vie et d'espérance, et dont il ne resterait plus désormais que la mémoire dans cette maison dont il avait été l'honneur, dans ces lieux autrefois remplis de son nom et où la trace de ses pas était à peine effacée.

Le lendemain, plusieurs de ses maîtres, conduisant une nombreuse députation d'élèves formée par sa classe, l'académie et la congrégation de la sainte Vierge, dont il faisait partie, allèrent à Vennecy satisfaire aux devoirs de leur douleur et donner à Léopold le dernier témoignage de leur affection, en assistant à son convoi. Je me souviendrai toujours, pour ma part, des émotions de cette triste matinée. C'était au commencement du printemps. De toutes parts, la campagne humide encore de rosée s'éveillait, bruyante et pleine de joie, illuminée par les premiers rayons du soleil. Je vois encore le petit cercueil balancé tristement entre deux haies fleuries au milieu des sourires de la nature, tandis que la cloche de l'église mêlait les pleurs de son glas funèbre aux mille murmures qui s'élevaient des prés et des bois. On eût dit un deuil public dans le village. Chaque maison, sur le passage du lugubre cortége, envoyait quelqu'un de ses membres pour le grossir. Les élèves du petit séminaire et ses anciens camarades d'école s'étaient disputé l'honneur de porter le corps de Léopold à sa dernière demeure. Le cercueil s'avançait donc couvert d'un drap blanc, et porté par de jeunes bras. Il était suivi par les maîtres et les amis éplorés du pauvre enfant, par son père et par sa mère, qui marchaient abîmés dans leurs sanglots, se soutenant à peine, et qu'on n'avait pu empêcher d'assister à la cérémonie ; enfin par une foule compacte, composée non seulement des habitants du village, mais aussi de plusieurs propriétaires des environs, qui avaient connu Léopold dans son enfance et avaient voulu donner à sa famille cette preuve de leur sympathie et de leurs regrets. Quel spectacle qu'une vie de treize ans ainsi pleurée ! et ne révèle-t-il pas de quel prix inestimable sont en ce monde les jours d'un enfant et surtout d'un enfant chrétien ? Je n'oublierai jamais l'aspect tout à la fois riant et sombre que présentait l'agreste cimetière, le silence, les psaumes entrecoupés de larmes, les tombes fleuries disparaissant sous la foule agenouillée, la fosse entr'ouverte, enfin, près du bord, l'enfant qui avait grandi à côté de Léopold s'approchant et jetant, pour l'ensevelir avec sa dépouille mortelle, comme un dernier adieu et un touchant symbole, cette couronne de marguerites blanches que nous retrouverons un jour sur son front de séraphin.

Quelques semaines après, un gracieux monument, le plus beau du cimetière, s'élevait sur la tombe avec cette inscription, simple, mais complète :

Ici repose le corps de
CHARLES-AUGUSTE-LÉOPOLD PARDRIAU,
Élève du petit séminaire d'Orléans,
décédé à Vennecy, le 18 avril 1857,
à l'âge de 14 ans et 9 mois.

Fils unique, enlevé dans la fleur de l'âge et du talent le plus distingué aux espérances de l'Église, à la tendresse de sa famille et à l'affection de ses maîtres et de ses amis.

Suivait un verset de l'Écriture qui traduit

et résume bien la vie, l'âme et l'intelligence de Léopold ;

Puer eram ingeniosus et sortitus sum animam bonam.

Enfin elle était terminée par ces paroles précieuses, recueillies de ses lèvres et adressées à sa mère :

Ma mère, quand je serai là-haut, je ne vous quitterai pas ; je serai avec vous toujours et partout.

Ces paroles, chers amis, vous les avez comprises ; elles s'adressent aussi à vous comme à moi, qui ne veux pas être séparé de vous dans une consolation qui nous est commune comme notre douleur. Elles sont, à notre égard, le testament de Léopold : non, vous n'avez pas perdu ce cher enfant tout entier, c'est lui-même qui vous en assure ; souvent encore, compagnon invisible, il se mêle à vos jeux, il s'unit à vous dans vos études et dans vos prières, il est près de vous dans vos fêtes de l'esprit comme dans vos fêtes de l'âme, auxquelles son esprit et son âme prenaient autrefois une si grande part. Et puis n'avez-vous pas le parfum de sa vie qui embaume encore les lieux où il a passé à côté de vous, la trace de ses pas sur ce sol que vous avez foulé ensemble, le souvenir de sa piété, de son innocence et de toutes ses aimables vertus. Plaise à Dieu que cette notice contribue à en perpétuer la mémoire à travers toutes les générations qui se succèderont dans cette maison ! Ce n'est pas, hélas ! le premier ange que le petit séminaire d'Orléans députe vers le Ciel. Plus d'une fois, depuis douze ans, des âmes choisies sont montées vers Dieu, de cette terre bénie que vous habitez et qui a donné jadis tant de saints à l'Église et à la France. Tandis que beaucoup d'hommes et de jeunes gens sont déjà venus chercher à La Chapelle la force, la lumière et l'honneur de leur vie, d'autres, par un dessein secret de la Providence, sont venus s'y préparer à mourir, avant le temps, d'une mort prédestinée. Sans doute, mes chers amis, ils se souviennent de nous et ils suivent toujours, même après leur dispersion, ceux qui leur ont été unis par les liens si doux des premières affections du cœur. Ah ! ne les oublions pas non plus ; gardons-leur une place inviolable et sacrée parmi ces souvenirs de la jeunesse qui ne s'effacent point. Élevons quelquefois notre pensée vers eux dans nos prières. Ainsi notre fraternité ne se prescrira point. Ils seront toujours de notre famille, et un jour, espérons-le, comme au début de notre vie terrestre, nous mériterons de les retrouver au commencement de nos années éternelles, qui nous rassembleront tous ensemble loin des coups de la mort et des déchirements de la séparation.

P. D.

www.ingramcontent.com/pod-product-compliance
Lightning Source LLC
LaVergne TN
LVHW050617090426
835512LV00008B/1538